The Sky Sisters

Written by Kim Newlove
Illustrated by Anna Vojtech

From the beginning of time, people have been
stargazers. They have studied the stars and tried to find
out more about them.

Long before TV or computer games, people watched stars. They saw that some stars were clustered together and made pictures in the sky. People made up stories about the pictures they saw.

One star picture had a group of seven stars in it. People came up with a story to explain why these seven stars were clustered together.

Once upon a time, there were seven sisters who loved to play in the sunshine. They played all day long.

They loved to jump and run around in a meadow beside a tall pine tree. They did handstands. They taught one another circle dances.

One day, a boy sat on a hill and watched the sisters playing. He wanted to play, too, but he was too shy to ask.

When the sisters spied him, they called, "Come and play. You can try to catch us!"

The boy ran after the sisters. Around the tree and
across the meadow the sisters ran, but the boy couldn't
catch them.

Then the sisters decided to climb the tall pine tree.
"Let's climb until we reach the sky," called one sister.

"Wait for me!" called the boy. "I want to climb, too!"

"Come and climb behind us!" called the sisters.
"Climb and try to catch us!"

The boy tried to climb quickly, but he couldn't catch
the sisters.

The sisters climbed higher and higher. They climbed all day and into the night. They climbed so high that they could no longer see the bottom of the tree.

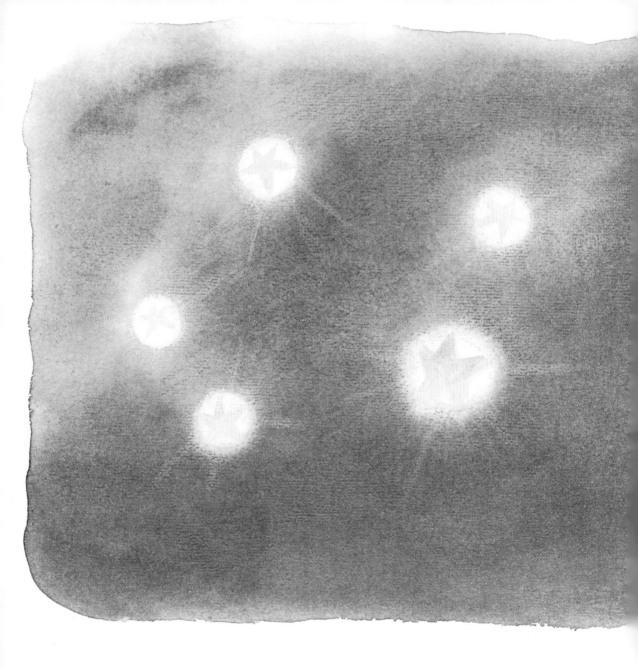

At last, the sisters reached the sky. The boy kept
climbing, too. He was still trying to catch the seven
sisters, but he could never get close enough.

Up in the sky, the Great One turned the seven sisters into seven twinkling stars clustered together. The boy became a star by itself a short way off.

If you look up into the night sky, you can still see the sisters. People call this group of stars "The Seven Sisters." And nearby is a single star, which is the little boy who chased the sisters into the sky.

Planète

LES ANIMAUX ET LEURS PROIES

Tracey West

Texte français d'Isabelle Allard

Éditions
SCHOLASTIC

Crédits photographiques (h = haut; c = centre; b = bas; g = gauche; d = droite)

Page couverture : (photo principale) ZSSD/Minden Pictures; (en médaillon, de haut en bas) A.N.T./Photo Researchers, Inc.; Richard Herrmann/Oxford Scientific/Jupiter Images; Jim Brandenburg /Minden Pictures. Quatrième de couverture : (photo principale) Arctic-Images/Iconica/Getty Images; (médaillon) Gerard Lacz/Animals Animals-Earth Scenes.

Page 1 : ZSSD/Minden Pictures. Page 3 : Peter Weimann/Peter Arnold Inc. Page 4 : (h) Norman Owen Tomalin/Bruce Coleman Inc.; (c) Serg Zastavkin/Shutterstock; (b) Association pour l'avancement des sciences/AP Photo. Page 5 : (de haut en bas) Martyn Colbeck; Huw Cordey. Page 6 : (de haut en bas) Penny Allen; Tom Clarke; Gavin Newman; George Chan. Page 7 : (de haut en bas) Huw Cordey; Mark Brownlow; Jonny Keeling; Mark Brownlow. Pages 8-9 : (h) Martyn Colbeck; (photo principale) S.J. Krasemann/Peter Arnold Inc. Page 9 : (h) Photos.com; (c) Reinhard, H./Peter Arnold Inc.; (b) Malcolm Schuyl/Peter Arnold Inc. Page 10 : (hg) Martyn Colbeck; (h) Eastcott Momatiuk/National Geographic/Getty Images; (b) Anup Shah/The Image Bank/Getty Images; (bd) Martin Harvey/Peter Arnold Inc. Pages 10-11 : (photo principale) Reinhard, H./Peter Arnold Inc. Page 11 : (h) T. Kitchin/V. Hurst/Photo Researchers, Inc.; (b) Photos.com. Pages 12-13 : (h) Huw Cordey; (photo principale) Montford Thierry/Peter Arnold Inc. Page 13 : (h) Biosphoto/Cavignaux Régis/Peter Arnold Inc.; (c) John Bell/Bruce Coleman Inc.; (b) BIOS Bios-Auteurs Cavignaux Bruno/Peter Arnold Inc. Page 14 : (hg) Huw Cordey; (bd) Norman Owen Tomalin/Bruce Coleman Inc. Pages 14-15 : (photo principale) Luiz C. Marigo/Peter Arnold Inc. Page 15 : (h) David Tipling/Alamy; (c) Tom McHugh/Photo Researchers, Inc.; (b) Raymond Mendez/Animals Animals. Pages 16-17 : (h) Penny Allen; (photo principale) Richard Herrmann/Oxford Scientific/Jupiter Images. Page 17 : (h) Richard Herrmann/Oxford Scientific/Jupiter Images; (c) Photos.com; (b) Brian J. Skerry/National Geographic Image Collection. Page 18 : (hg) Penny Allen; (h) Kelvin Aitken/Peter Arnold Inc.; (b, les deux) Norbert Wu/Minden Pictures. Pages 18-19 : (photo principale) Flip Nicklin/Minden Pictures. Pages 20-21 : (h) Tom Clarke; (photo principale) Werner Layer/Animals Animals. Page 21 : (h) Reinhard, H./Peter Arnold Inc.; (c) A.Rouse/Peter Arnold Inc.; (b) Paul Nicklen/National Geographic Image Collection. Page 22 : (hg) Tom Clarke; (hd) Stephen Meese/Shutterstock; (bd) Biosphoto/Klein J.-L. et Hubert M.-L/Peter Arnold Inc. Pages 22-23 : (photo principale) A.Rouse/Peter Arnold Inc. Page 23 : (les deux) Michael Durham/Minden Pictures. Pages 24-25 : (h) GavinNewman; (photo principale) Merlin D. Tuttle/Bat Conservation Intl. Page 25 : (h) Fred Bruemmer/Peter Arnold Inc.; (c) Radius/Jupiter Images; (b) Merlin D. Tuttle/Bat Conservation Intl. Page 26 : (hg) Gavin Newman; (h) Millard H. Sharp/Photo Researchers, Inc.; (médaillon du haut) Alexander M. Omelka/Shutterstock; (b) Paul Freed/Animals Animals. Pages 26-27 : (photo principale) Konrad Wothe/Minden Pictures. Page 27 : (hd) Michael et Patricia Fogden/Minden Pictures. Pages 28-29 : (h) George Chan; (photo principale) Thomas Mangelsen/Minden Pictures. Page 29 : (h) Jonathan Hayward, The Canadian Press/AP Photo; (c) Paul Nicklen/National Geographic Image Collection; (b) Glen Gaffney/Shutterstock. Page 30 : (hg) George Chan. Pages 30-31 : (photo principale) Hicker, R./Peter Arnold Inc. Page 31 : (h) Frans Lanting/Mindon Pictures; (b) Yva Momatiuk et John Eastcott/Minden Pictures. Pages 32-33 : (h) Huw Cordey; (photo principale) Charles O. Slavens/Peter Arnold Inc. Page 33 : (h) Diane Shapiro/Peter Arnold Inc.; (c) Tootles/Fotolia; (b) Alan Gleichman/Shutterstock. Page 34 : (hg) Huw Cordey; (h et b) Michael et Patricia Fogden/Minden Pictures. Pages 34-35 : (photo principale) Hagit Berkovich/Shutterstock. Page 35 : (bd) DEA/C.Dani-I.Jeske/Getty Images. Pages 36-37 : (h) Mark Brownlow; (photo principale) James A. Sugar/National Geographic Image Collection. Page 37 : (h) Brandon Cole/VisualsUnlimited/Getty Images; (c) Norbert Wu/Minden Pictures; (b) Romilly Lockyer/Riser/Getty Images. Page 38 : (hg) Mark Brownlow. Pages 38-39 : (photo principale) Vova Pomortzeff/Shutterstock. Page 39 : (h) Gregory Ochocki/Photo Researchers, Inc.; (b) James Watt/Norbert Wu Productions. Pages 40-41 : (h) Jonny Keeling; (photo principale) Marco Cristofori/Peter Arnold Inc. Page 41 : (h) Association pour l'avancement des sciences/AP Photo; (c) Biosphoto/Denis-Huot Michel et Christine/Peter Arnold Inc.; (b) Johan Swanepoel/Shutterstock. Page 42 : (hg) Jonny Keeling; (h) Biosphoto/Dragesco-Joffe Alain/Peter Arnold Inc.; (b) Steffen Foerster Photography/Shutterstock; (bd) EcoView/Fotolia. Pages 42-43 : (photo principale) Shutterstock. Page 43 : (d) Peter Weimann/Peter Arnold Inc. Pages 44-45 : (h) Mark Brownlow; (photo principale) Gregory G. Dimijian, M.D./Photo Researchers, Inc. Page 45 : (h) Mary Beth Angelo/Photo Researchers, Inc.; (c) Beverly Joubert/National Geographic Image Collection; (b) Biosphoto/Denis-Huot Michel et Christine/Peter Arnold Inc. Page 46 : (hg) Mark Brownlow; (hd) Hugh Maynard/Minden Pictures; (cd) Hartmut Schwarzbach/Peter Arnold. Pages 46-47 : (photo principale) Reinhard, H./Peter Arnold Inc. Page 47 : (h) Peter Scoones/Nature Picture Library; (b) Heinz Plenge/Peter Arnold Inc. Page 48 : (hg) NASA GSFC; (arrière-plan) Mark Brownlow.

Catalogage avant publication de Bibliothèque et Archives Canada

West, Tracey, 1965-
Les animaux et leurs proies / Tracey West ; texte français d'Isabelle Allard.

(Planète Terre)
Traduction de: Animals and their prey.

ISBN 978-0-545-98781-3

1. Prédateurs--Ouvrages pour la jeunesse. 2. Animaux--Alimentation--Ouvrages pour la jeunesse. I. Allard, Isabelle II. Titre. III. Collection: Planète Terre (Toronto, Ont.)

QL758.W4814 2009   j591.5'3   C2008-906061-X

BBC (mot-symbole et logo) est une marque de commerce de British Broadcasting Corporation et est utilisée avec autorisation.

Sources Mixtes
Cert no. SW-COC-001271
© 1996 FSC
FSC

Logo Planet Earth © BBC, 2006.
Logo BBC © BBC, 1996. Logo Love Earth TM BBC.
Copyright © Éditions Scholastic, 2009, pour le texte français.

Édition publiée par les Éditions Scholastic, 604, rue King Ouest, Toronto (Ontario) M5V 1E1

5 4 3 2 1   Imprimé au Canada   9 10 11 12 13

Conception graphique de la couverture : Michael Massen
Conception graphique de l'intérieur : Michael Massen et Two Red Shoes design

Imprimé sur du papier contenant au minimum 30 % de fibres recyclées après consommation

Table des matières

Tuer ou se faire tuer

Cela peut sembler cruel, mais c'est la réalité que connaissent les animaux sauvages. Le monde naturel est divisé entre les prédateurs et les proies.

Les **prédateurs** chassent et tuent d'autres animaux pour se nourrir. Ils sont munis des armes nécessaires pour terrasser leurs proies et déchirer leur chair : des griffes acérées, des dents pointues, des muscles puissants et des becs durs.

Les **proies** sont des animaux qui se font chasser, tuer et manger par d'autres animaux. Elles sont aussi outillées pour se défendre. Certaines espèces sont rapides, afin de pouvoir échapper aux prédateurs en courant ou en volant. D'autres utilisent le mimétisme pour se camoufler dans leur milieu et se soustraire à la vue des prédateurs. D'autres encore ont recours au poison ou aux odeurs désagréables pour garder les prédateurs à distance.

Parfois, un animal peut être à la fois prédateur et proie. C'est plutôt déroutant! En fait, tout s'explique par la chaîne alimentaire.

La vie dans la chaîne

Une chaîne alimentaire indique qui mange quoi dans un milieu précis. Par exemple, l'herbe est mangée par le lapin, lequel est à son tour mangé par le grand duc. Les flèches entre chaque élément de la chaîne désignent toujours la direction du flux énergétique. Autrement dit, elles vont de l'aliment au mangeur.

Toutes les chaînes alimentaires sont courtes. Beaucoup d'énergie est perdue à chaque niveau. Après trois échelons, la plus grande partie de l'énergie a été dépensée. Cela explique pourquoi les organismes se trouvant au sommet des chaînes alimentaires (comme les hiboux) sont en très petits nombres, comparativement à ceux occupant un échelon inférieur (comme les plantes). Après deux niveaux, il ne reste assez d'énergie que pour quelques prédateurs placés au sommet.

Cet ouvrage présente différents animaux et leurs proies. Chaque espèce occupe sa propre place dans la chaîne alimentaire, et chacune a recours à des stratégies pour manger, vivre et prospérer dans son milieu.

Dans ce livre, les animaux sont regroupés par *habitat*, c'est-à-dire le type de milieu où ils vivent. L'habitat comprend des *éléments comme* la flore, la faune, l'eau, la température et l'altitude.

Paysages terrestres

Chaque animal présenté est accompagné d'une photographie de son habitat. Les animaux vivent dans l'un des milieux suivants :

Les régions montagneuses

Sais-tu que les montagnes couvrent 24 % de la masse terrestre? Les animaux de montagne doivent affronter de hautes altitudes et des températures pouvant passer d'une chaleur extrême à un froid intense.

Les forêts pluviales

Dans ce type de forêt, les pluies abondantes créent un milieu idéal pour la croissance des plantes, ce qui procure un habitat de choix à une foule d'animaux.

Les profondeurs océaniques

Une grande partie des animaux les plus mystérieux de la planète vivent dans les profondeurs de l'océan, hors d'atteinte des êtres humains.

Les grandes forêts

Les arbres des forêts procurent de l'oxygène à la planète et fournissent un habitat à un grand nombre d'animaux, des araignées aux tigres.

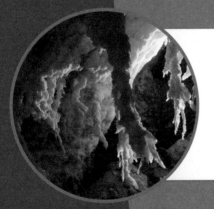

Le monde souterrain

Comment peut-on vivre dans une grotte, sous la terre, sans lumière? Les bêtes des cavernes ont trouvé d'étonnants moyens de survie.

Les pôles gelés

Les pôles Nord et Sud (l'Arctique et l'Antarctique) sont deux milieux parmi les plus extrêmes du globe. Les animaux qu'on y retrouve doivent pouvoir survivre à des températures largement sous le point de congélation.

Les déserts de sable

En raison des températures ardentes qui y règnent, les déserts sont des milieux où la plupart des espèces ont du mal à survivre. Les animaux qui y vivent ont mis au point leurs propres stratégies pour trouver de l'eau et de la nourriture.

Les mers peu profondes

Chaque continent est entouré d'eaux peu profondes. Ces régions marines constituent une faible portion des océans de la planète, mais elles contiennent des zones grouillantes de vie, dont les récifs de corail et les forêts d'algues.

Les grandes plaines

Ces grandes étendues couvertes d'herbe, qu'on trouve sur tous les continents sauf l'Antarctique, offrent un milieu idéal à la vie animale.

L'eau douce

La planète Terre possède beaucoup d'eau, mais seulement 3 % de l'eau est douce. Les humains ont besoin d'eau douce pour survivre. Nous partageons cette eau avec les poissons, les oiseaux, les reptiles, les amphibiens et d'autres mammifères qui vivent dans les lacs, les rivières et les ruisseaux, ou sur leurs rives.

LE PUMA

Puma est un mot inca qui signifie « **puissant** ». C'est un nom tout indiqué pour ce *prédateur* qui mise sur sa **force** et sa **rapidité** pour s'emparer de sa proie.

Anatomie d'un tueur

Dents tranchantes : Le puma a les mâchoires inférieure et supérieure pourvues de canines très pointues. Lorsqu'il attaque, il enfonce ses crocs dans la chair de sa proie. Cette morsure féroce peut causer une mort instantanée.

Pattes puissantes : Les longues et puissantes pattes arrière du puma lui permettent de bondir très haut, jusqu'à 1,80 m! Cette particularité est très utile lorsqu'il chasse sa proie sur des terrains rocheux de montagne.

Griffes acérées : Le puma utilise ses griffes pour grimper aux arbres. Une haute branche est un endroit idéal pour tendre une embuscade à une proie sans méfiance.

Chasseur d'humains?

Le puma essaie d'éviter les humains. C'est l'une des raisons pour lesquelles il préfère les régions montagneuses. Toutefois, chaque année, quelques personnes sont tuées par des pumas. Les victimes sont généralement des gens se déplaçant seuls à l'aube, au crépuscule ou durant la nuit.

Le puma vit dans les déserts, les forêts et même les marais!

MAMMIFÈRE

Espèce : *Puma concolor*

Aussi appelé : couguar

Poids moyen d'un mâle adulte : 60 kilos

Taille moyenne d'un mâle adulte : 1,2 m, sans compter la queue de 75 cm

Habitat : Amérique du Nord, jusqu'en Alaska. On le retrouve également dans l'ouest de l'Amérique du Sud, jusqu'en Argentine et au Chili.

Proies : cervidés en Amérique du Nord, guanacos (animaux ressemblant aux lamas) en Amérique du Sud.

Autre nourriture : lapins, lièvres, coyotes, lynx roux, porcs-épics, castors, opossums, ratons laveurs et mouffettes.

Vrai de vrai

Un puma peut manger un autre puma s'il est affamé.

LE GRIZZLY

MAMMIFÈRE

Espèce : *Ursus arctos horribilis*

Aussi appelé : ours brun d'Amérique

Poids : jusqu'à 400 kilos

Taille : jusqu'à 2,5 m

Habitat : Alaska et Canada. Moins de 1000 individus dans l'ouest des États-Unis.

Proies : poissons, surtout le saumon; jeunes mammifères à sabots, comme l'élan; petits rongeurs; papillons du ver gris.

Autre nourriture : baies, racines, noix, graminées, graines; charognes (animaux morts); ordures.

Un *grizzly* peut consommer jusqu'à une **tonne** de saumon au cours d'une période de fraie de **six semaines**!

Le loup d'Abyssinie est une espèce en voie de disparition. Il en reste moins de 400 dans la nature.

LE LOUP D'ABYSSINIE

Cet animal africain vit en *bande*, mais chasse **seul**.

MAMMIFÈRE

Espèce : *Canis simensis*

Aussi appelé : cabéru, chacal de Simiens

Poids d'un mâle adulte : jusqu'à 17 kilos

Taille moyenne d'un mâle adulte : 1 (1,2 m avec la queue)

Habitat : chaînes de montagnes d'Éthiopie, en Afrique.

Proies : petits mammifères comme le rat-taupe géant, le rat des champs et le lièvre de Starck.

Autre nourriture : oisons et œufs.

La queue du léopard des neiges est plus longue que son corps, et peut atteindre 1 mètre chez un adulte de grande taille. L'animal utilise sa queue pour maintenir son équilibre et se garder au chaud lorsqu'il est couché.

MAMMIFÈRE

Espèce : *Leo uncia*

Aussi appelé : once, panthère des neiges

Poids moyen d'un mâle adulte : 23 à 40 kilos

Taille moyenne d'un mâle adulte : 2 m, avec la longue queue!

Habitat : montagnes d'Asie centrale; Inde; pays sud-asiatiques limitrophes de l'Inde. Le léopard des neiges est le prédateur terrestre vivant à la plus haute altitude; certains individus ont même survécu à 5 800 m!

Proies : marmottes (petits rongeurs à la queue touffue), moutons sauvages, yacks, markhors (grosses chèvres sauvages aux cornes en spirale), lièvres, bétail.

Autre nourriture : certaines plantes.

LE LÉOPARD DES NEIGES

Ces *félins* qu'on aperçoit rarement peuvent franchir **15 mètres d'un seul bond** pour atteindre leur proie.

LA MYGALE GÉANTE

Ce *prédateur velu* est pourvu de **crochets redoutables!**

Une substance chimique contenue dans le venin de cette araignée est utilisée pour traiter les accidents cérébrovasculaires et d'autres problèmes de santé des êtres humains.

Anatomie d'une tueuse

Crochets à venin : Chacun des crochets de la mygale mesure 2,5 cm! En mordant sa proie, la mygale lui injecte un venin mortel. Ce venin n'est pas assez puissant pour tuer un être humain, mais si tu te faisais mordre par cette mygale, tu ressentirais une douleur cuisante.

Bombardement de poils : Lorsqu'elle se sent menacée, la mygale géante projette de minuscules poils piquants à partir de son abdomen. Ces poils sont presque invisibles, mais peuvent gravement irriter la peau d'un humain.

Bruit strident : La mygale géante émet une stridulation si puissante qu'on peut l'entendre à 4,5 m de distance! Elle produit ce son en frottant les poils de ses pattes arrière. Cela a pour but d'éloigner les autres prédateurs.

Un régal, cette mygale!

Certains Sud-Américains aiment manger de la mygale. Ils retirent les crochets et les glandes à venin, enveloppent l'araignée dans une feuille de bananier et la font rôtir au-dessus d'un feu.

ARACHNIDE

Espèce : *Theraphosa blondi*

Aussi appelée : mygale de Leblond

Poids moyen d'un mâle adulte : 110 g

Taille moyenne d'un mâle adulte : envergure de 28 cm, pattes comprises. (Lors de ton prochain repas, regarde ton assiette. C'est la grosseur de la mygale géante!)

Habitat : forêts pluviales sur la côte nord-est de l'Amérique du Sud.

Proies : insectes, grenouilles, petits serpents et lézards.

Autre nourriture : gros animaux comme des rongeurs, des chauves-souris et des oisillons.

LE JAGUAR

Il se *cache dans la pénombre* de la forêt pluviale, mais sa **réputation** de **féroce prédateur** n'est un *secret* pour personne.

MAMMIFÈRE

Espèce : *Panthera onca*

Poids moyen d'un mâle adulte : 100 à 160 kilos

Taille moyenne d'un mâle adulte : 1,7 à 2,7 m, avec la queue

Habitat : Mexique, Amérique centrale, Amérique du Sud.

Proies : presque tout ce qu'il parvient à attraper. Entre autres : capybaras (gros rongeurs parents du cochon d'Inde), pécaris (mammifères voisins du sanglier), tatous, agoutis (rongeurs), paresseux, singes, cervidés, oiseaux, petits alligators, tortues, poissons, souris.

Les mâchoires de la mort

Le jaguar chasse seul, généralement la nuit, à l'aube et au crépuscule. Chasser dans la pénombre ou l'obscurité lui permet de s'approcher furtivement de sa proie. Soudain, il bondit, et ses puissantes mâchoires entrent en action.

Les mâchoires d'un jaguar peuvent transpercer la carapace d'une tortue. Si la proie est un capybara, le jaguar s'attaque aussitôt à la tête. Il plonge ses canines dans un sillon des os crâniens, puis broie le crâne d'un seul coup. Aucun autre félin n'a une telle puissance maxillaire.

Le jaguar peut tuer de grosses proies en les immobilisant au sol, puis en leur mordant le cou. La morsure paralyse l'animal, que le jaguar peut ensuite traîner plus loin pour le dévorer.

LA HARPIE FÉROCE

Cet **oiseau de proie** utilise ses **serres acérées** pour saisir des *mammifères* sur le sol de la forêt **tropicale**.

OISEAU

Espèce : *Harpia harpyja* **Aussi appelée :** aigle harpie

Poids moyen : 6 à 9 kilos pour les femelles, 4 à 5,5 kilos pour les mâles

Taille moyenne : 89 à 104 cm

Envergure : jusqu'à 2 m

Habitat : du sud du Mexique au nord de l'Argentine

Proies : aras, singes, paresseux, opossums, porcs-épics, fourmiliers, iguanes, serpents, jeunes cervidés.

Un prédateur patient

La harpie féroce ne s'élance pas dans le ciel comme la plupart des autres aigles. Elle conserve plutôt son énergie en se perchant dans un arbre durant des heures, dans l'attente d'une proie. Puis elle fond sur l'animal pour le tuer.

Une seule fourmi légionnaire ne peut pas faire beaucoup de mal, mais des **milliers** de ces insectes réunis peuvent terrasser une **grosse proie**.

INSECTE

Espèce : *Eciton burchellii*

Aussi appelée : fourmi visiteuse, fourmi migratrice, fourmi militaire, dorylidé

Taille moyenne d'une colonie : 700 000 fourmis

Habitat : l'espèce *Eciton burchellii* vit en Amérique du Sud, mais on trouve d'autres espèces de fourmis militaires partout dans le monde.

Proies : autres fourmis, araignées, scorpions.

Marche militaire

Chaque matin, des milliers de fourmis légionnaires quittent leur fourmilière et marchent en rangs comme des soldats. Lorsqu'elles trouvent une proie, elles l'entourent, lui injectent du venin, puis la déchirent en pièces et se partagent le butin.

LA FOURMI LÉGIONNAIRE

LE REQUIN MAKO

Il faut un **requin aussi rapide** que celui-ci pour *s'attaquer* à des **poissons vifs comme l'éclair.**

Anatomie d'un tueur

Forme de torpille : Son corps fuselé est fait pour fendre l'eau.

Poussée puissante : La forme de sa queue l'aide à se propulser dans l'eau.

Dents acérées : Ses dents lui permettent de déchiqueter de grosses proies.

Duel à l'épée

L'espadon est l'une des principales proies du requin mako. Mais ce poisson se défend férocement au moyen de son long museau pointu en forme d'épée. Certains requins makos capturés portaient des cicatrices, marques de combats avec des espadons.

Une vitesse inégalée

Le requin mako est peut-être le poisson le plus rapide des océans. On a même enregistré des vitesses atteignant 56 km/h sur de longues distances, et des pointes de vitesse de 96 à 128 km/h!

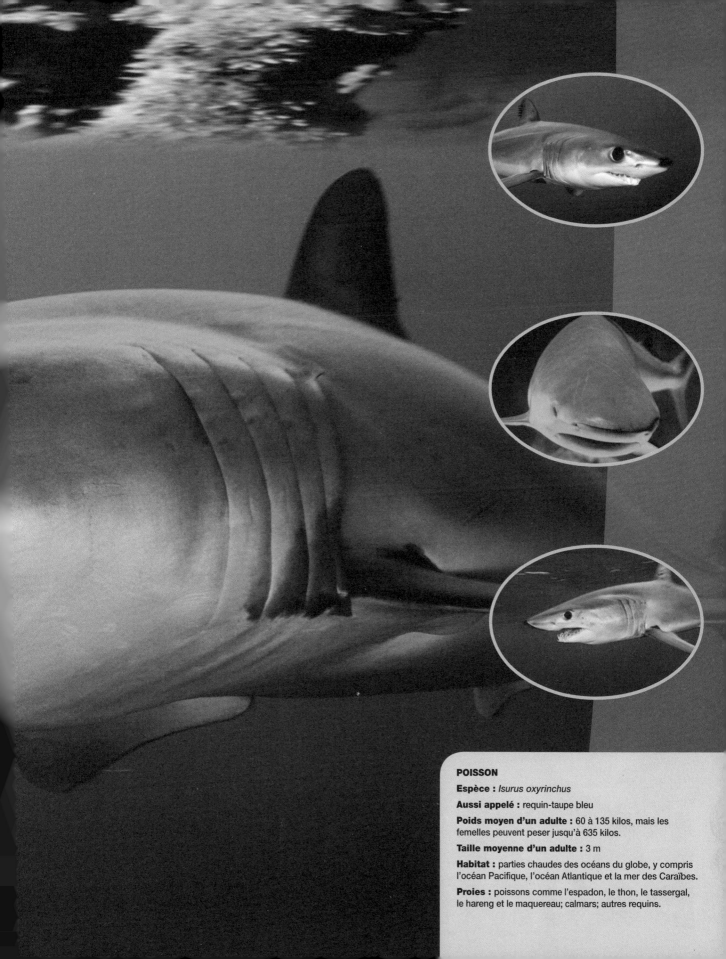

POISSON

Espèce : *Isurus oxyrinchus*

Aussi appelé : requin-taupe bleu

Poids moyen d'un adulte : 60 à 135 kilos, mais les femelles peuvent peser jusqu'à 635 kilos.

Taille moyenne d'un adulte : 3 m

Habitat : parties chaudes des océans du globe, y compris l'océan Pacifique, l'océan Atlantique et la mer des Caraïbes.

Proies : poissons comme l'espadon, le thon, le tassergal, le hareng et le maquereau; calmars; autres requins.

LA MÉDUSE-BOÎTE

Des capsules piquantes

Une quinzaine de tentacules pendent du corps de cette méduse. Chaque tentacule est couvert de 5 000 capsules qui libèrent un puissant venin lorsqu'elles entrent en contact avec une proie. Aïe, aïe, aïe!

Avec son **venin foudroyant,** cette créature inflige des *piqûres mortelles.*

POISSON

Espèce : *Chironex fleckeri*

Aussi appelée : cubomduse

Poids : jusqu'à 2 kilos

Taille moyenne : 3 m

Habitat : océan Indien et sud de l'océan Pacifique, surtout dans les eaux entourant le nord de l'Australie.

Proies : petits poissons, et crustacés comme la crevette.

Des appâts naturels

Quelque chose brille sur le sol océanique obscur. Un poisson s'approche, curieux... puis, gloup! Il se fait gober par une baudroie. Seule la femelle est pourvue de cette « ligne à pêche ». Ce filament est en fait une tige dorsale qui pend au-dessus de la bouche du poisson. De minuscules bactéries font luire ce leurre naturel.

Ce poisson utilise une « ligne à pêche » **lumineuse** pour attirer ses *proies.*

LA BAUDROIE

POISSON

Espèce : Lophius piscatorius

Aussi appelée : baudroie commune, baudroie blanche, lotte, crapaud-pêcheur

Taille moyenne : de quelques centimètres à 1,2 m de long

Habitat : océans Atlantique et Antarctique

Proies : poissons, vers, crustacés.

Le cachalot est le seul animal dont la gorge est assez large pour avaler un être humain entier!

Grosse tête

La tête géante du cachalot constitue un tiers de la longueur de son corps. À l'intérieur de son énorme crâne se trouve le plus gros cerveau de mammifère de la planète.

MAMMIFÈRE

Espèce : *Physeter macrocephalus*

Poids moyen d'un mâle adulte : 40 tonnes

Taille moyenne d'un mâle adulte : 16 m de long

Habitat : la plupart des océans du globe, en eau profonde, à l'exception des eaux glaciales près des pôles.

Proies : calmars et poissons, y compris le requin.

Un mystère de taille

Ce mammifère massif mange environ 450 kilos de nourriture par jour. Comment réussit-il à attraper suffisamment de proies pour se nourrir?

Les chercheurs ont quelques théories. La mâchoire inférieure du cachalot est blanche, ce qui attire peut-être les calmars.

Une autre théorie est fondée sur les sons. Les cachalots communiquent entre eux en émettant des clics sonores. Il se peut que ces ondes sonores étourdissent les calmars et les rendent incapables de réagir lorsque le cachalot les avale.

LE CACHALOT

Ce plongeur sous-marin consomme *450 kilos* de poissons et de calmars **chaque jour!**

LE CARCAJOU

Parfois appelé **glouton**, le carcajou mange à peu près *n'importe quel* animal dans lequel il peut plonger ses griffes.

L e carcajou est principalement nocturne. Durant ses heures d'activité, il peut parcourir jusqu'à 72 kilomètres quotidiennement à la recherche de nourriture.

Anatomie d'un tueur

Pattes larges : La forme de ses pattes partiellement palmées lui permet de marcher sur la neige sans s'enfoncer. Les poils sous ses pattes augmentent l'adhérence lorsqu'il se déplace sur la glace.

Odorat très fin : Le carcajou se fie à son extraordinaire odorat pour traquer ses proies.

Griffes acérées : Il utilise ses griffes pour sortir les poissons de l'eau.

Super crocs : Avec ses grosses dents et ses mâchoires puissantes, il peut déchirer la peau et la chair, et broyer les os.

Petit, mais puissant

Un renne adulte pèse environ 180 kilos. Alors, comment un carcajou de 23 kilos parvient-il à le terrasser? Grâce à sa force… et à sa stratégie. Le carcajou trouve un sentier forestier emprunté par les rennes. Puis il grimpe à un arbre et attend. Lorsqu'un renne passe, il bondit sur lui. Il enfonce ses griffes dans le dos du renne et ne lâche pas prise. Le poids du carcajou finit par affaiblir le renne et le faire tomber. Il est ensuite achevé par les puissantes mâchoires du prédateur.

MAMMIFÈRE

Espèce : *Gulo gulo*

Aussi appelé : glouton, glouton d'Amérique

Poids moyen : 10 à 30 kilos

Taille moyenne : 66 à 90 cm, sans compter la queue de 12 à 25 cm

Habitat : nord de l'Europe et de l'Amérique du Nord

Proies : mammifères comme le cerf, l'orignal, le mouton sauvage, le wapiti, le lapin, le castor, l'écureuil, le renne, le lièvre arctique, le loup arctique et le lemming; oiseaux comme le lagopède et l'oie des neiges; poissons.

Autre nourriture : racines, baies, œufs, larves d'insectes et charognes.

LE TIGRE DE SIBÉRIE

Ce *gros félin* se dissimule dans la **forêt** pour traquer ses proies.

MAMMIFÈRE

Espèce : *Panthera tigris altaica*

Aussi appelé : tigre de l'Amour

Poids moyen : 180 à 300 kilos

Taille : jusqu'à 3 m, avec la queue

Habitat : est de la Russie, et certaines régions de Chine et de Corée du Nord.

Proies : gros mammifères comme l'élan, le cerf rouge et le sanglier.

Chasseur solitaire

Comme les autres espèces de tigres, le tigre de Sibérie préfère chasser seul. Il attend souvent la tombée du jour pour partir en chasse. Malgré sa taille imposante, il est capable de se déplacer silencieusement dans l'obscurité. Il observe et écoute, à l'affût d'une proie. Lorsqu'il en aperçoit une, il se tapit et rampe lentement vers l'animal, en s'approchant par-derrière ou sur les côtés. Une fois qu'il est assez près, au moins à 25 m de distance, il surgit de sa cachette et saute sur la proie. Il la mord à la nuque, ce qui rompt la moelle épinière et provoque généralement une mort instantanée.

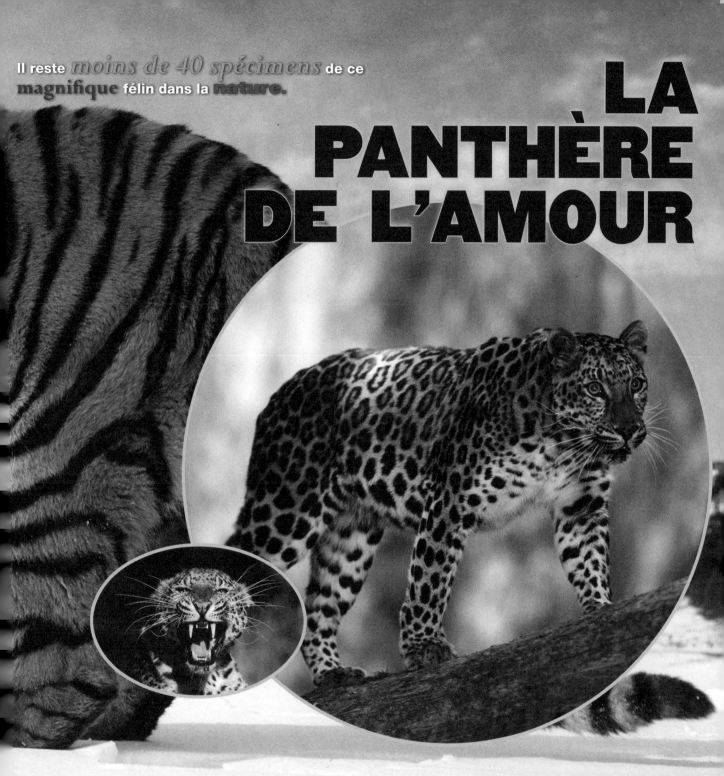

Il reste *moins de 40 spécimens* de ce *magnifique* félin dans la **nature**.

LA PANTHÈRE DE L'AMOUR

Chasseuse nocturne

Comme les autres panthères, la panthère de l'Amour chasse la nuit, seule, et emmène sa prise dans un arbre pour la dévorer. Cette panthère a des poils plus longs que les autres espèces. Cette fourrure la garde au chaud par temps froid.

MAMMIFÈRE

Espèce : *Panthera pardus orientalis*

Aussi appelée : panthère de Chine

Taille : jusqu'à 1,2 m de long

Habitat : étroit territoire à la frontière de la Russie, de la Chine et de la Corée du Nord.

Proies : chevreuils, sikas du Japon, lièvres, blaireaux.

LA TADARIDE DU BRÉSIL

La tadaride peut atteindre une vitesse de 96 km/h!

Une colonie de ces **chauves-souris rapides** peut consommer des *millions* d'insectes **chaque** nuit.

Mangeuse d'insectes

La tadaride du Brésil mise sur ses incroyables capacités de vol pour attraper des insectes. Elle peut voler plus haut que toute autre espèce de chauve-souris, atteignant des altitudes de plus de 3 000 m! Voler aussi haut lui procure un espace dégagé, sans obstacles tels que des arbres ou d'autres structures élevées. Lorsqu'elle se trouve à une telle hauteur, elle bénéficie d'un autre avantage : elle croise parfois de gros essaims d'insectes et peut se régaler tout en volant.

Colonie de chauves-souris

Les tadarides du Brésil forment les plus grandes colonies d'animaux à sang chaud de la planète. Dans la grotte Bracken, au Texas, 20 millions de chauves-souris consomment près de 180 tonnes d'insectes par nuit. Une seule chauve-souris peut attraper, en une heure, 1 200 insectes de la taille d'un moustique.

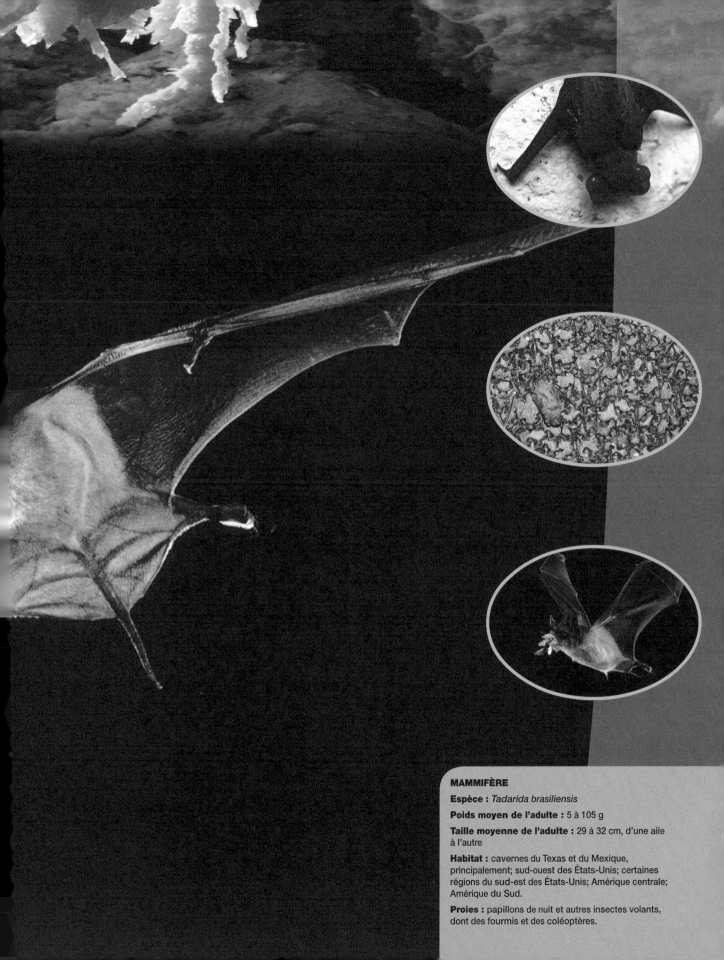

MAMMIFÈRE

Espèce : *Tadarida brasiliensis*

Poids moyen de l'adulte : 5 à 105 g

Taille moyenne de l'adulte : 29 à 32 cm, d'une aile à l'autre

Habitat : cavernes du Texas et du Mexique, principalement; sud-ouest des États-Unis; certaines régions du sud-est des États-Unis; Amérique centrale; Amérique du Sud.

Proies : papillons de nuit et autres insectes volants, dont des fourmis et des coléoptères.

LA RAINETTE DE WHITE

Nourriture volante

La plupart des rainettes de White vivent dans les forêts tropicales, où elles se nourrissent d'insectes. Mais certaines ont une diète particulière : au crépuscule, 110 000 minioptères de Schreibers, de petites chauves-souris, surgissent de Bat Cleft (crevasse des chauves-souris), une grotte de calcaire située à Queensland, en Australie. Les rainettes de White se perchent sur des rochers à l'entrée de la grotte. Quand les jeunes minioptères sortent de la grotte, elles les happent au passage!

AMPHIBIEN

Espèce : *Litoria caerulea*

Taille moyenne : 10 cm

Habitat : nord-ouest, nord, est et sud-est de l'Australie.

Proies : insectes, oiseaux et rongeurs.

Autre nourriture : minioptères de Schreibers.

S'il le faut, ce **prédateur** peut **survivre** *six ans* sans manger!

Perte de la vue

Cet animal insolite a des yeux sous la peau, mais ils ne fonctionnent pas. Après tout, pas besoin de voir quand on vit dans le noir! Si une proie s'approche, la peau de cette salamandre détecte ses mouvements.

AMPHIBIEN

Espèce : *Typhlomolge rathbuni*

Taille moyenne : 8 à 14 cm

Habitat : cavernes de la région de San Marcos, au Texas.

Proies : crevettes, escargots, amphipodes (petits crustacés qui vivent dans l'eau).

LA SALAMANDRE AVEUGLE DU TEXAS

Le ver luisant de Nouvelle-Zélande est une larve de moucheron. Lorsque la larve éclot, elle produit un filament de soie par la bouche. Ce fil pend du plafond de la grotte. Le ver luisant y ajoute des gouttelettes de mucus, ce qui lui donne l'allure d'un rang de perles.

La nuit, le ver luisant se met au travail. Il se suspend à l'intérieur d'un tube de mucus, au sommet d'un fil de soie. Sa queue se met à luire, ce qui illumine les gouttelettes de mucus et leur donne un air de fête.

Mais les insectes qui passent ne sont pas à la fête! Attirés par la lumière, ils se font prendre au piège dans les fils collants. Le ver tire ensuite sur le fil comme sur la ligne d'une canne à pêche, puis dévore sa proie toujours vivante. Brillant, non?

INSECTE

Espèce : *Arachnocampa luminosa*

Taille moyenne d'une larve adulte : 3 à 4 cm

Longueur moyenne des fils de soie : 5 à 23 cm

Habitat : cavernes, tunnels et autres endroits souterrains de la Nouvelle-Zélande. D'autres types de vers luisants cavernicoles vivent en Australie.

Proies : insectes comme les moucherons, les mouches, les cafards et les coléoptères.

Ces larves attrapent leurs proies grâce à des *fils de soie* qui ressemblent à des rangs de perles luisantes.

LE VER LUISANT DE NOUVELLE-ZÉLANDE

L'OURS POLAIRE

Ce **puissant** et patient prédateur se trouve au sommet de la chaîne alimentaire dans le Grand Nord. Il est aussi le plus *gros* carnivore terrestre.

Anatomie d'un tueur

Muscles puissants : L'ours polaire est si fort qu'il peut tirer une baleine de 450 kilos hors de l'eau.

Odorat très fin : Son museau lui permet de renifler des proies qui se cachent sous la neige et la glace.

Griffes acérées : Ses griffes courtes et recourbées sont idéales pour creuser la glace et atteindre une proie.

Pattes palmées : Grâce à ses pattes palmées, l'ours polaire peut nager dans la mer à des vitesses pouvant atteindre 6,5 km/h.

Morsure féroce : Les petites proies, comme les jeunes phoques, sont impuissantes dans les mâchoires d'un ours polaire.

Peau sombre et fourrure claire : Sa fourrure paraît blanche, mais elle est transparente. Les rayons du soleil traversent la fourrure et sont absorbés par la peau sombre de l'animal. Les poils prennent la couleur de ce qui entoure l'ours. Comme il se trouve généralement sur la neige et la glace, sa fourrure semble blanche.

Deux gros ours

L'ours polaire et le grizzly sont les plus gros carnivores terrestres.

MAMMIFÈRE

Espèce : *Ursus maritimus*

Aussi appelé : ours blanc, nanuk

Poids moyen d'un mâle adulte : 410 à 725 kilos

Taille moyenne d'un mâle adulte : 2 à 2,5 m, sans compter la queue de 7,5 à 12,5 cm

Habitat : Arctique

Proies : phoques (phoque annelé, phoque barbu, phoque du Groenland); morses; narvals; bélugas; canards de mer.

Autre nourriture : algues et herbes.

L'ÉPAULARD

Certaines des **dents** de l'épaulard mesurent *10 cm!*

L'épaulard est le plus grand représentant de la famille des dauphins.

MAMMIFÈRE

Espèce : *Orcinus orca*

Aussi appelé : orque, orque épaulard

Poids moyen d'un mâle adulte : 5 tonnes

Taille moyenne d'un mâle adulte : 8 m

Habitat : océans de la planète, des régions polaires à l'équateur.

Proies : poissons comme le thon et le saumon; phoques, calmars, otaries, marsouins, dauphins, baleines et tortues de mer.

Bande de prédateurs

Les épaulards vivent en petits groupes composés de 5 à 40 individus. Ils travaillent de concert pour attraper leur nourriture. Voici deux stratégies utilisées par les épaulards :

1. Chasse communautaire : Un troupeau encercle des proies, par exemple un banc de poissons, en les rabattant à un endroit précis. Les épaulards les dévorent ensuite à tour de rôle.

2. Échouage sur la rive : Certains épaulards glissent hors de l'eau, vers le rivage où sont réunis des phoques et des manchots. Les proies effrayées sautent à l'eau pour fuir, et finissent directement dans la gueule d'autres épaulards qui les y attendent!

LE LÉOPARD DE MER

Cet animal, qui doit *son nom* à sa robe tachetée, est un chasseur **redoutable**.

Anatomie d'un tueur

Dents longues et pointues : Idéales pour déchirer la chair.

Grandes nageoires antérieures : Ces nageoires lui permettent de se déplacer rapidement dans l'eau.

Système de filtration intégré : La forme particulière de ses molaires agit comme une passoire pour filtrer le krill contenu dans l'eau.

MAMMIFÈRE

Espèce : *Hydrurga leptonyx*

Aussi appelé : phoque léopard

Poids : jusqu'à 380 kilos

Taille moyenne : 3 à 3,5 m

Habitat : eaux entourant l'Antarctique et les régions sub-antarctiques, comme l'Australie et l'Amérique du Sud

Proies : krill (petits crustacés semblables aux crevettes), poissons, manchots, calmars, phoques crabiers, otaries à fourrure.

LE RENARD ARCTIQUE

Manteau d'hiver

Durant l'été, la robe du renard arctique est brune ou grise, ce qui l'aide à se fondre dans le paysage de rochers et de plantes. Au cours de l'hiver, son pelage devient blanc (bleu-gris en Islande) pour lui servir de camouflage dans la neige. Il peut ainsi passer inaperçu lorsqu'il chasse.

fourrure de ce renard peut tenir au chaud même lorsque température chute à **-70° C!**

MAMMIFÈRE

Espèce : *Alopex lagopus*

Aussi appelé : isatis, renard polaire, renard bleu

Poids moyen d'un mâle adulte : 3,8 kilos

Taille moyenne d'un mâle adulte : 55 cm, sans compter la queue de 30 cm

Habitat : régions côtières de l'Arctique, dont le nord de l'Amérique du Nord, du Groenland, de l'Islande, de l'Europe et de l'Asie.

Proies : lemmings, campagnols, écureuils, oiseaux, poissons.

Autre nourriture : baies et légumes; œufs d'oiseaux; cadavres d'oiseaux, de poissons et de phoques.

LE GRAND-DUC D'AMÉRIQUE

Le grand-duc a deux aigrettes en forme de cornes sur la tête.

Anatomie d'un tueur

Le grand-duc d'Amérique préfère chasser à l'aube et au crépuscule. Pour attraper sa proie favorite, le lapin, il se perche très haut, sur une branche ou un poteau. Lorsqu'il aperçoit un lapin, il fond sur lui. Le bruissement d'ailes pourrait faire fuir le lapin. Heureusement pour le grand-duc, ses ailes sont bordées de plumes douces, ce qui lui permet de piquer vers sa proie dans un silence presque total. Il saisit rapidement l'animal surpris entre ses griffes, puis s'envole avec.

Effet de serres

Recourbées et acérées, les serres de ce hib[o] sont assez puissantes pour capturer une pr[o] et la tuer sur le coup.

Le *grand-duc d'Amérique* **est l'un des seuls animaux qui mange des mouffettes.**

OISEAU

Espèce : *Bubo virginianus*

Aussi appelé : grand-duc de Virginie, grand-duc

Poids moyen : 0,9 à 2,5 kilos

Taille moyenne : 45 à 64 cm de long

Envergure : 0,9 à 1,5 m

Habitat : des régions arctiques de l'Amérique du Nord jusqu'à l'est de l'Amérique du Sud.

Proies : petits mammifères tels que le lapin, l'écureuil, la souris, le raton laveur et la taupe; oiseaux comme l'oie et le héron; reptiles comme les serpents et les lézards; amphibiens comme la grenouille et la salamandre; poissons; certains insectes.

Autre nourriture : cadavres d'animaux.

Poste de guet

Lorsque cette vipère chasse, elle enfouit son corps sous le sable. Seuls le bout de sa queue et le haut de sa tête dépassent. Elle attend, dissimulée, le passage d'un lézard. Au moment propice, elle saisit le lézard dans sa gueule, lui injecte son venin, puis l'avale.

Cette vipère avance en rampant de côté.

LA VIPÈRE DU DÉSERT DU NAMIB

Ce petit serpent *venimeux* se dissimule dans le sable pour tendre **une embuscade à ses proies.**

REPTILE

Espèce : *Bitis peringueyi*

Aussi appelée : vipère des sables de Peringuey, vipère heurtante de Peringuey, vipère du Namib

Taille moyenne : 20 à 25 cm

Habitat : désert du Namib dans le sud-ouest de l'Afrique.

Proies : lézards.

La chasse aux gerbilles

Voici comment un fennec chasse l'une de ses proies préférées, la gerbille.

1. Le fennec reste au frais dans son terrier durant la partie la plus chaude de la journée.

2. Au coucher du soleil, il s'aventure à l'extérieur. Il a recours à son excellente vision nocturne pour repérer une proie et se lancer à sa poursuite. Comme ses pattes sont velues, il a une bonne adhérence sur le sable.

3. Ses grandes oreilles lui permettent de percevoir le moindre son émis par une proie. Il identifie l'origine du bruit, puis traque silencieusement l'animal.

4. Enfin, il immobilise sa proie avec une patte, avant d'enfoncer ses dents dans sa chair. Miam!

MAMMIFÈRE

Espèce : *Fennecus zerda*

Aussi appelé : renard des sables du Sahara

Poids moyen : 1,5 kilo

Taille moyenne : 35 à 40 cm, sans compter la queue de 18 à 30 cm

Habitat : désert du Sahara, dans le nord de l'Afrique, et péninsules de Sinaï et d'Arabie.

Proies : rongeurs comme la gerbille, reptiles et insectes.

Autre nourriture : plantes et œufs.

LE FENNEC

e plus petit renard **du monde se jette r ses proies dans le désert.**

Bien qu'il s'agisse du plus petit canidé de la planète, ses oreilles mesurent 15 cm! Cela représente plus du tiers de la longueur totale de son corps.

L'OTARIE DE CALIFORNIE

Jusqu'où peut plonger une otarie? La plus grande profondeur jamais enregistrée est de 275 m.

Plongeuses sous-marines

Les proies préférées de l'otarie vivent à de grandes profondeurs. Elle passe donc près de 15 heures par jour à plonger à la recherche de nourriture.

Anatomie d'une tueuse

Moustaches sensibles : Ses moustaches l'aident à détecter la présence de nourriture sur le fond océanique.

Corps fuselé : Sa forme allongée est idéale pour plonger dans les profondeurs sous-marines.

Plongée en apnée : Les narines de l'otarie se referment lors de la plongée. Cela lui permet de demeurer sous l'eau jusqu'à 40 minutes.

Système de propulsion : Ses nageoires antérieures la propulsent dans l'eau.

Direction assistée : Ses nageoires postérieures servent à la diriger.

Super molaires : L'otarie ne mâche pas sa nourriture, mais ses molaires servent à écraser la dure carapace des crabes.

Ces nageuses fuselées plongent
chaque jour à la recherche de *poissons*
et de **calmars savoureux.**

MAMMIFÈRE

Espèce : *Zalophus californianus*

Poids moyen d'un mâle adulte : 360 kilos

Taille moyenne d'un mâle adulte : 2 m

Habitat : du Canada jusqu'à la côte californienne; parties du Mexique; îles Galapagos.

Proies : calmars, pieuvres; poissons comme le merlu, l'anchois du nord, la calicagère bleue, le hareng, le sébaste et le maquereau; crustacés comme le crabe; palourdes; petits requins.

LA RASCASSE VOLANTE

Ce *joli poisson* au venin puissant a une stratégie parfaite pour *chasser* dans les récifs coralliens.

POISSON

Espèce : *Pterois volitans*

Aussi appelée : poisson scorpion, poisson lion, poisson de feu

Taille moyenne : 30 cm

Habitat : récifs coralliens et côtes rocheuses des océans Indien et Pacifique Sud.

Proies : petits poissons et crevettes.

Une dentelle épineuse

À première vue, ce poisson au joli corps rayé et aux ailes dentelées ne semble pas être un dangereux prédateur. Mais dans les récifs coralliens, la rascasse volante se trouve au sommet de la chaîne alimentaire, grâce à ses nageoires. La rascasse utilise les nageoires de chaque côté de son corps comme des éventails pour pousser les petits poissons dans des cavités du récif. Elle peut ensuite les avaler sans problème. Ses nageoires dorsales, au nombre de 18, sont en forme d'épines. Les biologistes croient que ces épines venimeuses empêchent la rascasse volante d'être la proie de plus gros prédateurs marins. La piqûre de ces épines est très douloureuse!

LE COBRA DE MER

REPTILE

Espèce : *Laticauda colubrina*

Aussi appelé : tricot rayé commun

Taille maximale : les femelles adultes peuvent atteindre 1,3 m

Habitat : eaux entourant la côte de la Nouvelle-Guinée, les Philippines, le Sri Lanka, l'Asie du Sud-Est, le Japon et les îles du Pacifique.

Proies : anguilles et petits poissons.

Terre et mer

La plupart des serpents marins passent toute leur vie dans la mer. Mais le cobra de mer pond ses œufs sur la terre. Les grosses écailles de son ventre lui permettent de se déplacer sur le sol et de grimper aux arbres.

Le venin de ce serpent est 10 fois plus toxique que celui du serpent à sonnette!

Aimes-tu les **anchois** sur ta pizza? Ce requin aime les *dévorer vivants*.

À vue de nez

Une vision perçante et un excellent odorat aident le requin bleu à traquer ses proies. Guidé par son museau, il repère la proie à son odeur.

LE REQUIN BLEU

POISSON

Espèce : *Prioncae glauca*

Aussi appelé : peau bleue

Poids moyen : 135 à 180 kilos

Taille maximale : 3,6 m

Habitat : régions océaniques tempérées et tropicales de la planète.

Proies : petits poissons comme l'anchois; calmars; crabes et crevettes; oiseaux; autres requins.

LE LION

Anatomie d'un tueur

Pattes puissantes : Un lion peut courir à une vitesse de 65 km/h et franchir 12 mètres en un seul bond!

Griffes recourbées : Le lion utilise ses puissantes griffes recourbées pour saisir sa proie et la terrasser. Ces griffes sont assez acérées pour percer la peau d'un animal.

Ouïe fine : Si une proie est à proximité, le lion va l'entendre.

Mâchoires redoutables : Ses muscles maxillaires puissants lui permettent d'étouffer un zèbre ou un autre animal en écrasant sa trachée. Ses longues dents aussi tranchantes que des couteaux peuvent infliger une morsure fatale aux petites proies.

Vision nocturne : Les yeux du lion sont dotés d'une couche réfléchissante spéciale qui l'aide à voir dans la pénombre.

Troupe de chasseurs

Les lions vivent en troupes, qui peuvent être composées de quelques bêtes seulement ou compter jusqu'à 40 individus. Les lions de la troupe travaillent ensemble pour chasser des proies.

Les femelles, plus petites et rapides que les mâles, se chargent de la plus grosse part de la tâche. Les lions usent de stratégie pour chasser. Les plus rapides poursuivent la proie, et les plus forts la terrassent.

MAMMIFÈRE

Espèce : *Panthera leo*

Poids moyen d'un mâle adulte : 150 à 240 kilos

Taille moyenne d'un mâle adulte : 1,8 à 2,1 m, sans compter la queue de 1 m

Habitat : régions d'Afrique et forêts de sapins de l'Inde

Proies : gnous, zèbres, crocodiles, éléphanteaux, jeunes rhinocéros, rongeurs, reptiles et insectes.

Autre nourriture : aliments dérobés à d'autres félins, aux chiens sauvages et aux hyènes.

LE RENARD DU TIBET

Unis pour la vie

Lorsqu'un mâle et une femelle décident de s'accoupler, ils demeurent généralement ensemble pour la vie. Ils chassent aussi ensemble, traquant leur proie préférée : le pika à lèvres noires. Les renards partagent toutes leurs prises.

Les *petits animaux* des plaines asiatiques sont des **proies faciles** pour ce *prédateur*.

MAMMIFÈRE

Espèce : *Vulpis ferrilata*

Aussi appelé : renard des sables du Tibet, renard tibétain

Poids : jusqu'à 4 kilos

Taille : jusqu'à 60 cm, sans compter la queue de 45 cm

Habitat : Tibet et certaines régions de la Chine, de l'Inde et du Népal.

Proies : pikas à lèvres noires, rongeurs, lièvres, lapins, petits oiseaux terrestres, et tout animal qu'il parvient à attraper.

Grosse mangeuse

Ses dents solides et son appareil digestif très efficace lui permettent de consommer à peu près n'importe quoi. Presque rien n'est gaspillé lorsqu'une hyène dévore un animal. Elle mange les os et même les dents de sa proie. Il ne reste que le poil et les cornes lorsqu'elle a terminé son repas.

LA HYÈNE TACHETÉE

Contrairement aux autres hyènes, la *hyène tachetée* **pourchasse** agressivement ses proies.

MAMMIFÈRE

Espèce : *Crocuta crocuta*

Poids maximal : 82 kilos

Taille maximale : 2 m de long

Habitat : sud du désert du Sahara, en Afrique.

Proies : gnous, gazelles, zèbres, jeunes hippopotames, poissons.

LE LOUP ARCTIQUE

Aussi blanc que la *neige de l'Arctique*, ce loup allie force et travail d'équipe pour s'attaquer à de **grosses proies.**

MAMMIFÈRE

Espèce : *Canis lupus arctos*

Aussi appelé : loup blanc de l'Arctique

Poids d'un mâle adulte : jusqu'à 45 kilos

Taille moyenne : 1,5 m, sans compter la queue de 33 à 58 cm

Habitat : régions nordiques de l'Amérique du Nord et parties du Groenland.

Proies : caribous, bœufs musqués, lièvres, lemmings.

Bande de chasseurs

Les loups arctiques chassent en bande et ont recours à la force pour terrasser de gros animaux. Bien qu'ils ne soient pas ultra-rapides, ils ont beaucoup d'endurance et peuvent parcourir de longues distances jusqu'à l'épuisement de leur proie.

LE CROCODILE DU NIL

On estime que les crocodiles du Nil tuent jusqu'à *200 êtres humains* chaque année.

Le retour des crocodiles

Dans les années 1960, la chasse aux crocodiles du Nil a presque provoqué l'extinction de cette espèce. Les lois visant à protéger ces reptiles leur a permis de revenir en force.

Partie de pêche

Les crocodiles chassent habituellement seuls. Mais lors de la migration de poissons, ils se rassemblent pour bloquer une partie du cours d'eau, emprisonnant ainsi les poissons. Puis c'est l'heure du festin!

Les crocodiles du Nil « pêchent » parfois avec leur queue. Ils agitent la queue, repoussant le poisson vers la berge. Ils le happent ensuite entre leurs mâchoires.

Bonnes mères

Les femelles de cette espèce sont les meilleures mères parmi les reptiles de la planète. Elles surveillent attentivement leurs œufs avant l'éclosion. Puis elles prennent délicatement leurs petits dans leur gueule et les transportent jusqu'au cours d'eau. Les bébés demeurent sous la protection de leur mère durant une année avant de se débrouiller seuls.

REPTILE

Espèce : *Crocodylus niloticus*

Poids moyen : 227 kilos

Taille moyenne : 5 m de long

Habitat : sud du désert du Sahara, en Afrique; certaines régions de Madagascar.

Proies : zèbres, porcs-épics, gnous, petits hippopotames, autres crocodiles, poissons, oiseaux.

Autre nourriture : charognes.

Mini monstre

Quand tu entends le mot « piranha », tu imagines probablement des bancs de poissons féroces qui déchirent leurs proies avec leurs dents pointues. Il est possible que des humains aient été attaqués par des piranhas, mais la vérité est bien moins inquiétante... Les piranhas ont de fortes mâchoires et des dents tranchantes, mais ils s'en servent surtout pour tailler en pièces des proies de leur taille ou plus petites.

Il existe 20 espèces de piranhas. Le piranha rouge est celui qui est équipé des dents les plus tranchantes.

Ce poisson peut **déchirer ses proies** à l'aide de ses dents acérées. Mais s'attaque-t-il aussi aux *êtres humains*?

LE PIRANHA ROUGE

POISSON

Espèce : *Serrasalmus nattereri*

Poids maximal : 3,6 kilos

Taille maximale : 30 à 60 cm

Habitat : Amérique du Sud, du nord de l'Argentine à la Colombie, surtout dans le fleuve Amazone

Proies : autres poissons

Autre nourriture : On raconte que, si un gros animal est blessé et tombe à l'eau, les piranhas se précipitent en masse pour le dévorer avec voracité.

LA SALAMANDRE GÉANTE DU JAPON

La salamandre géante est *le plus gros amphibien* **du monde. Elle peut vivre jusqu'à** 80 ans.

Super succion

Cette salamandre a une vision très faible. Pour trouver sa proie, elle se sert des organes sensoriels situés sur son corps et sa tête. Lorsqu'elle détecte une proie, elle ouvre et referme rapidement la gueule. L'effet de succion aspire l'animal à l'intérieur.

AMPHIBIEN

Espèce : *Andrias japonicus*

Poids moyen : 25 kilos

Taille moyenne : 2 m

Habitat : nord de l'île Kyushu et ouest de Honshu, au Japon.

Proies : poissons, souris, insectes, et crustacés comme le crabe.

Étreinte fatale

Lorsque l'anaconda s'attaque à de grosses proies comme le cerf, il utilise tout son corps. Il attend dans l'eau que le cerf s'approche pour boire. Puis il le saisit par le cou et s'enroule autour de son corps. Cette terrible étreinte étouffe l'animal. L'anaconda l'entraîne ensuite dans l'eau où il l'avale tout entier.

Cet *énorme* **serpent enserre** sa **proie** pour **l'étouffer.**

REPTILE

Espèce : *Eunectes murinus*

Aussi appelé : grand anaconda

Taille moyenne : 4,9 m

Habitat : eaux tropicales à l'est de la cordillère des Andes et à Trinidad.

Proies : caïmans, tortues; mammifères comme le capybara, le cerf, le tapir et le pécari; oiseaux.

L'ANACONDA VERT

PROTÉGEONS LA PLANÈTE
C'est la seule que nous avons...

Voici quelques gestes qui contribuent à protéger notre extraordinaire planète, la Terre.

Une idée lumineuse! Si tu quittes une pièce pour plus de 30 secondes, éteins la lumière. Tu économiseras de l'énergie tout en réduisant la facture d'électricité!

Utilise des produits recyclés. Encourage tes parents à acheter des produits de papier recyclé pour la maison.

Choisis des contenants réutilisables. Pour apporter ton repas à l'école, moins il y a d'emballage, mieux c'est. Les collations et boissons emballées en portions individuelles gaspillent les ressources. Remplace-les par des contenants réutilisables.

Économise l'eau. Pourquoi ne pas fermer le robinet quand tu te brosses les dents? Tu économiseras ainsi beaucoup d'eau.

Ordinateur en mode veille. Un économiseur d'écran dépense plus d'énergie que le mode veille. Configure les paramètres de ton ordinateur pour lui donner un temps de repos!

Apporte ton sac. Si tu vas faire des courses, apporte ton propre sac réutilisable. Les sacs de plastique sont à base de pétrole, et les sacs de papier sont faits à partir du bois des arbres. Si tu apportes un sac réutilisable, tu ne gaspilleras aucune de ces ressources!

Recharge tes piles. Plutôt que des piles jetables, achète des piles rechargeables que tu pourras réutiliser.

Souviens-toi des trois R : recycler, réutiliser, réduire. Ce sont des façons ingénieuses de diminuer la consommation et le gaspillage.